Impressum
Verlag: BABADADA GmbH, Nedderfeld 112 , 22529 Hamburg
Geschäftsführer / Verlagsleitung: Harald Hof
Druck: Books on Demand GmbH, In de Tarpen 42, 22848 Norderstedt

Imprint
Publisher: BABADADA GmbH, Nedderfeld 112 , 22529 Hamburg, Germany
Managing Director / Publishing direction: Harald Hof
Print: Books on Demand GmbH, In de Tarpen 42, 22848 Norderstedt, Germany

学校

škola

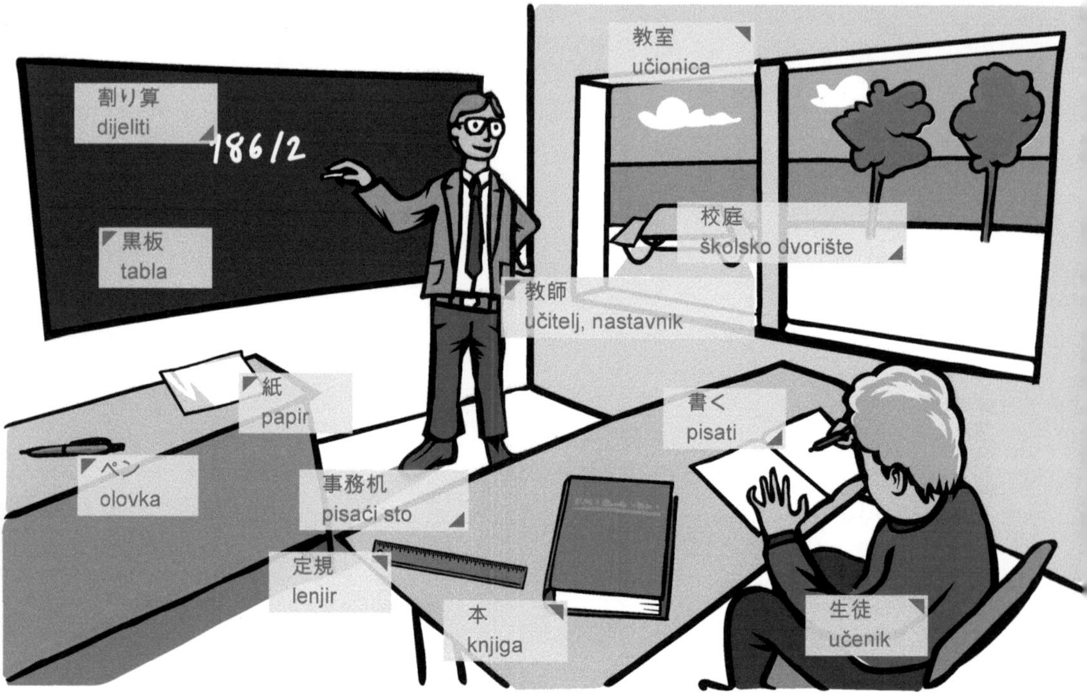

教室
učionica
割り算
dijeliti
186/2
黒板
tabla
校庭
školsko dvorište
教師
učitelj, nastavnik
紙
papir
書く
pisati
ペン
olovka
事務机
pisaći sto
定規
lenjir
本
knjiga
生徒
učenik

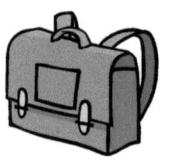

ランドセル

torba

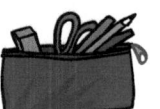

筆入れ

pernica

鉛筆

drvena olovka

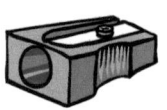

鉛筆削り

šiljalo za olovke

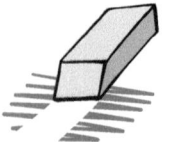

消しゴム

gumica

スケッチブック

blok za crtanje

スケッチ

crtež

絵筆

kist

絵の具箱

kutija s bojama

はさみ

makaze

接着剤

ljepilo

練習帳

vježbanka

宿題

domaća zadaća

12

数

broj

2+2

足し算

sabirati

5-2

引き算

oduzimati

2×2

かけ算

množiti

計算する

računati

A

文字

slovo

ABCDEFG
HIJKLMN
OPQRSTU
VWXYZ

アルファベット

abeceda

hello

単語

riječ

テキスト
tekst

読む
čitati

チョーク
kreda

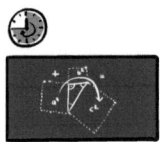

授業
sat

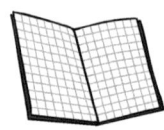

学級日誌
školski dnevnik

試験
ispit

通知表
svjedočanstvo

制服
školska uniforma

教育
izobrazba

百科事典
leksikon

大学
univerzitet

顕微鏡
mikroskop

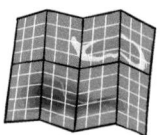

地図
karta

ごみ箱
korpa za papir

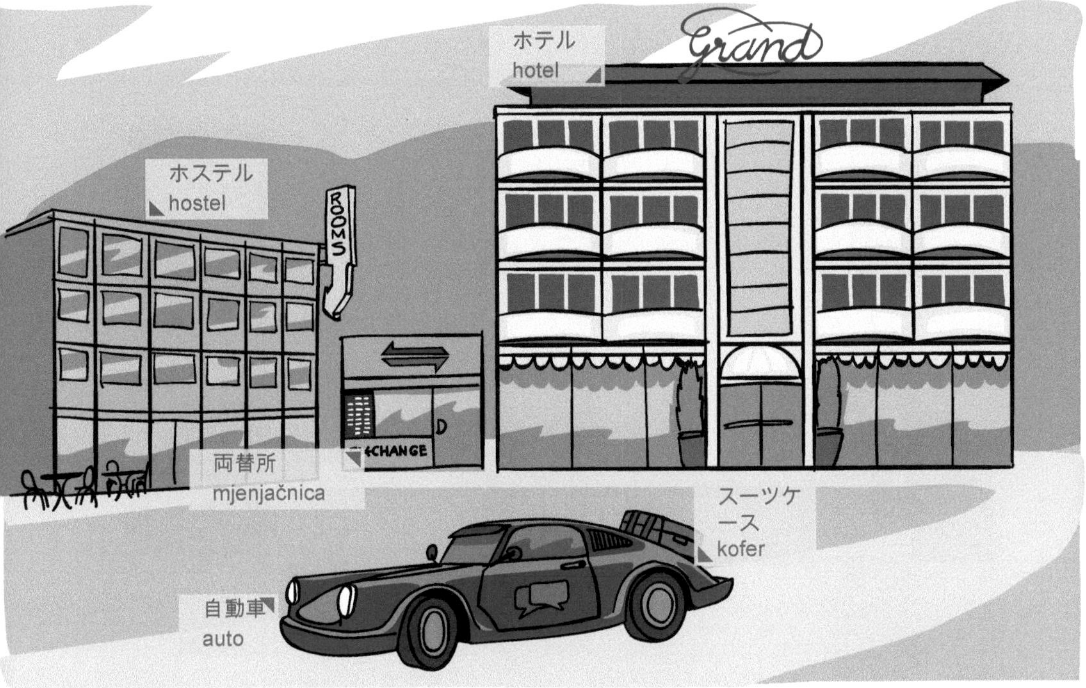

ホテル
hotel
Grand
ホステル
hostel
ROOMS
両替所
mjenjačnica
EXCHANGE
スーツケース
kofer
自動車
auto

言語

jezik

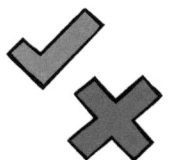

はい / いいえ

da / ne

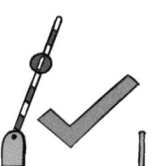

問題ない

okej

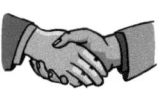

ハロー

zdravo

翻訳者

tumač

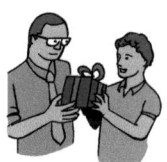

ありがとう

hvala

...はいくらですか？

Koliko košta...?

わかりません

Ne razumijem

問題

problem

こんばんは！

dobro veče!

おはようございます！

Dobro jutro!

おやすみなさい！

Laku noć!

さようなら

doviđenja

方向

smjer

手荷物

prtljag

バッグ

torba

リュックサック

ruksak

お客様

gost

部屋

soba

寝袋

vreća za spavanje

テント

šator

旅行者情報

turističke informacije

ビーチ

plaža

クレジットカード

kreditna kartica

朝食

doručak

昼食

ručak

夕食

večera

チケット

putna karta

エレベーター

lift

スタンプ

poštanska markica

境界

granica

税関

carina

大使館

ambasada

ビザ

viza

パスポート

pasoš

輸送

transport

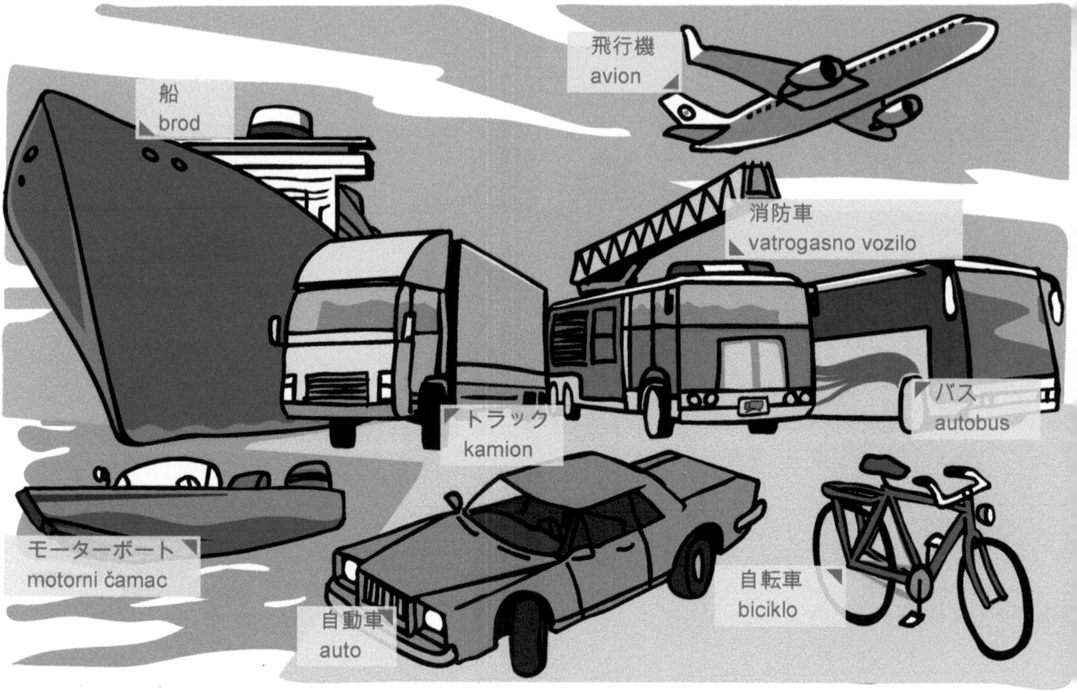

飛行機
avion
船
brod
消防車
vatrogasno vozilo
トラック
kamion
バス
autobus
モーターボート
motorni čamac
自動車
auto
自転車
biciklo

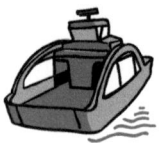

フェリー

trajekt

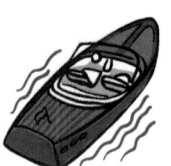

ボート

brod

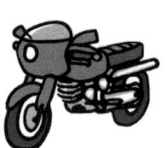

バイク

motocikl

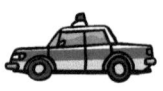

パトカー

policijski automobil

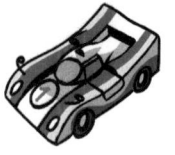

レーシングカー

trkaći automobil

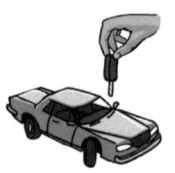

レンタカー

unajmljeni automobil

カーシェアリング

kar-šering

レッカー車

pauk

ごみ収集車

smećarsko vozilo

モーター

motor

燃料

gorivo

ガソリンスタンド

benzinska pumpa

交通標識

saobraćajni znak

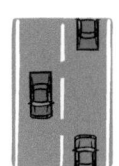

交通

saobraćaj

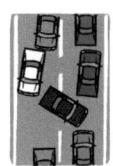

渋滞

zastoj

駐車場

parking

駅

željeznička stanica

道

šine

列車

voz

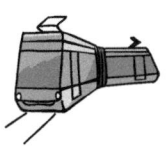

路面電車

tramvaj

車両

vagon

ヘリコプター

helikopter

空港

aerodrom

タワー

toranj

乗客

putnik

コンテナ

kontejner

段ボール箱

karton

カート

tačke

カゴ

korpa

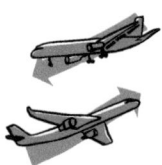

離陸 / 着陸

poletjeti / sletjeti

都市

grad

村

selo

都心

centar grada

家

kuća

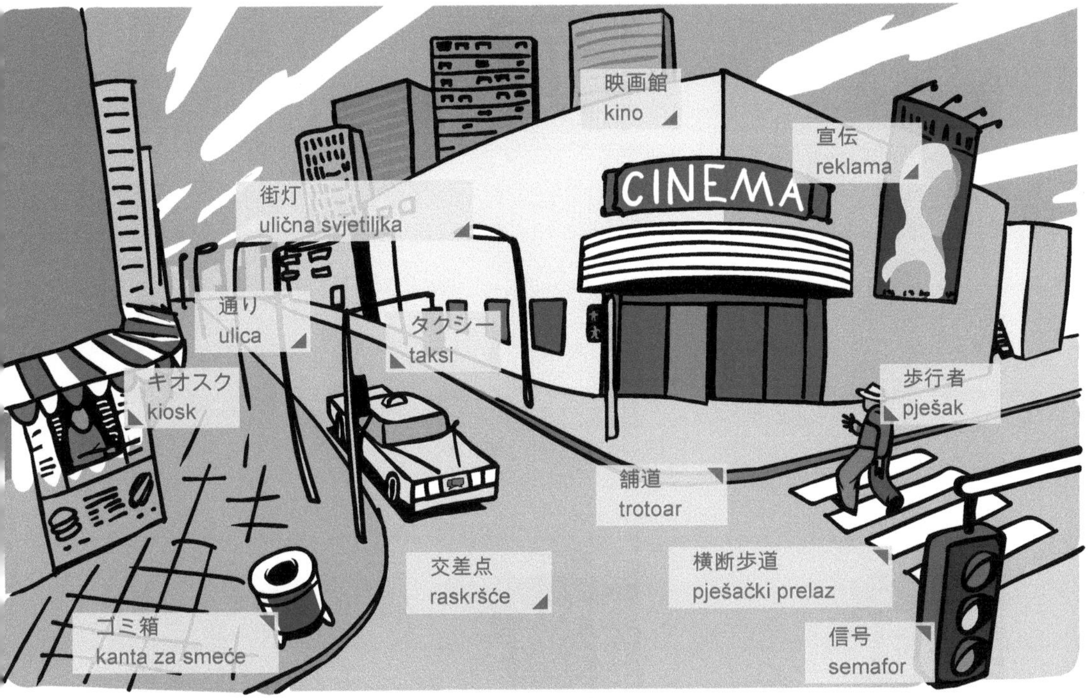

映画館
kino
宣伝
reklama
CINEMA
街灯
ulična svjetiljka
通り
ulica
タクシー
taksi
キオスク
kiosk
歩行者
pješak
舗道
trotoar
交差点
raskršće
横断歩道
pješački prelaz
ゴミ箱
kanta za smeće
信号
semafor

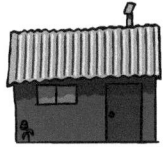

小屋

koliba

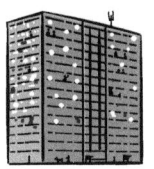

アパート

stan

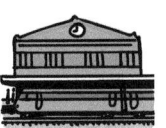

駅

željeznička stanica

市役所

vjećnica

MUSEUM

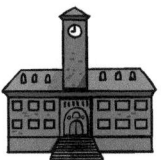

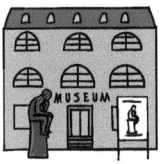

美術館

muzej

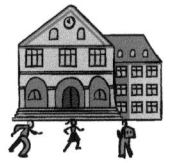

学校

škola

大学

univerzitet

銀行

banka

病院

bolnica

ホテル

hotel

薬局

apoteka

オフィス

ured

書店

knjižara

ショップ

radnja

花屋

cvjećara

スーパーマーケット

supermarket

市場

pijaca

デパート

robna kuća

魚屋

prodavač ribe

ショッピングセンター

trgovački centar

港

luka

公園

park

ベンチ

klupa

橋

most

階段

stepenice

地下鉄

podzemna željeznica

トンネル

tunel

バス停

autobuska stanica

バー

bar

レストラン

restoran

ポスト

poštanski sandučić

道路標識

saobraćajni znak

パーキングメーター

sat za naplatu parkinga

動物園

zoološki vrt

スイミングプール

bazen

モスク

džamija

農場

seosko imanje

汚染

zagađenje okoline

墓地

groblje

教会

crkva

遊び場

igralište

寺

hram

風景

krajolik

葉
list

道標
putokaz

道
putokaz

草地
livada

石
kamen

木
drvo

ハイカー
putnik

川
rijeka

草
trava

花
cvijet

谷
dolina

山
brdo

湖
jezero

森
šuma

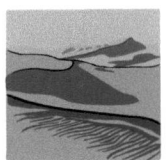

砂漠
pustinja

火山
vulkan

城
dvorac

虹
duga

キノコ
gljiva

ヤシの木
palma

蚊
komarac

ハエ
muha

蟻
mrav

ミツバチ
pčela

クモ
pauk

カブトムシ

buba

蛙

žaba

リス

vjeverica

ハリネズミ

jež

ウサギ

zec

フクロウ

sova

鳥

ptica

白鳥

labud

雄豚

divlja svinja

鹿

jelen

ヘラジカ

los

ダム

brana

風力タービン

vjetrenjača

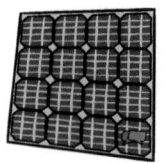

ソーラーパネル

solarni modul

気候

klima

ウェイター
konobar

メニュー
jelovnik

椅子
stolica

スープ
supa

ピザ
pica

刃物類
pribor za jelo

テーブルクロス
stolnjak

前菜

predjelo

メインコース

glavno jelo

デザート

desert

飲み物

piće

食べ物

jelo

ボトル

flaša

ファストフード

brza hrana

屋台の食べ物

jelo sa ulice

ティーポット

čajnik

砂糖入れ

šećernica

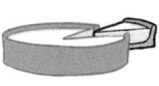

一人前

porcija

エスプレッソマシン

mašina za espreso

幼児用食事椅子

barska stolica

請求書

račun

トレー

tacna

ナイフ

nož

フォーク

viljuška

スプーン

kašika

ティースプーン

kašičica

ナプキン

salveta

グラス

čaša

皿
tanjir

スープ皿
tanjir za supu

受け皿
tanjurić

ソース
sos

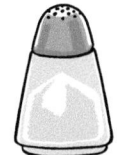

塩入れ
solanik

ペッパーミル
mlin za biber

酢
sirće

油
ulje

スパイス
začini

ケチャップ
kečap

マスタード
senf

マヨネーズ
majoneza

スーパーマーケット

supermarket

特価品
ponuda
FOR
顧客
klijent
乳製品
mliječni proizvodi
果物
voće
ショッピング・カート
kolica za kupovinu

BUTCHERS

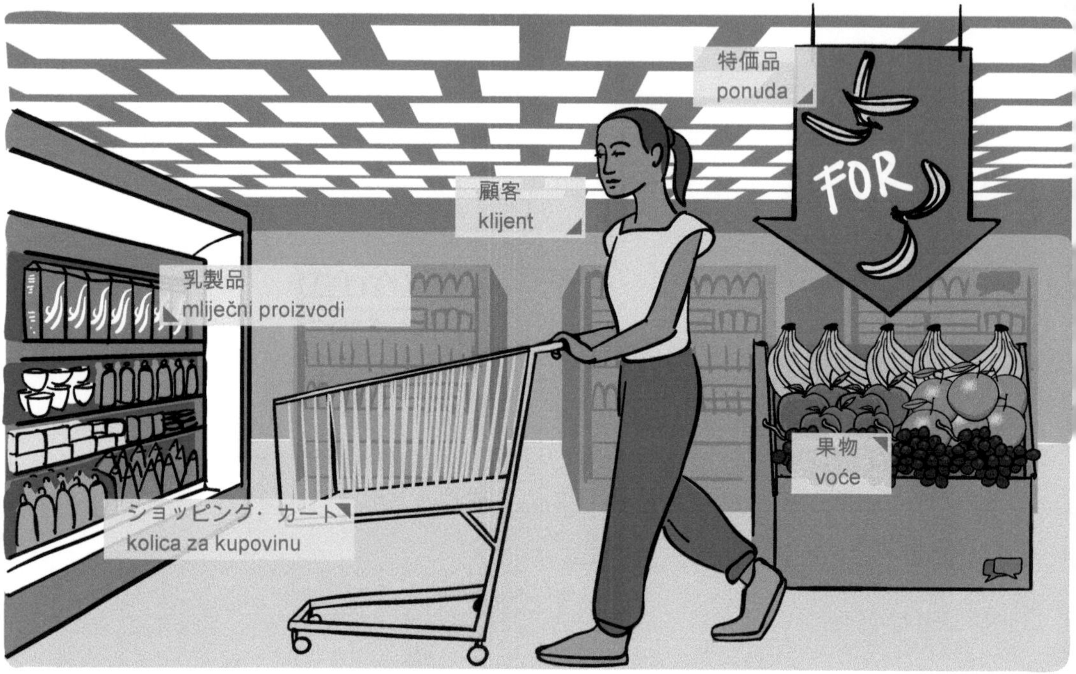

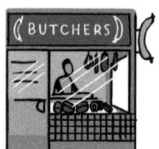

肉屋

mesnica- klaonica

BAKERY

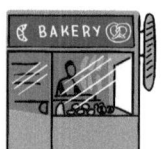

パン屋

pekara

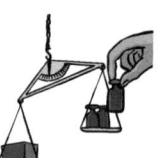

重さをはかる

vagati

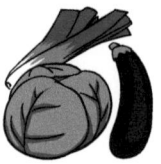

野菜

povrće

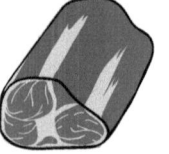

肉

meso

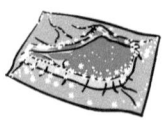

冷凍食品

zaleđena hrana

冷肉の薄切り

narezak

缶詰食品

konzerve

洗剤

prašak za veš

菓子

slatkiši

家庭用品

kućanski proizvodi

清掃用品

sredstvo za čišćenje

販売員

prodavačica

現金箱

kasa

レジ係

blagajnik

買い物リスト

lista za kupovinu

開館時刻

radno vrijeme

財布

novčanik

クレジットカード

kreditna kartica

バッグ

torba

ポリ袋

najlonska vrećica

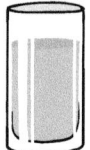

水

voda

ジュース

sok

牛乳

mlijeko

コーラ

kola

ワイン

vino

ビール

pivo

アルコール

alkohol

ココア

kakao

紅茶

čaj

コーヒー

kafa

エスプレッソ

espreso

カプチーノ

kapućino

バナナ

banana

リンゴ

jabuka

オレンジ

narandža

メロン

lubenica

レモン

limun

ニンジン

mrkva

ニンニク

bijeli luk

竹

bambus

玉ねぎ

crveni luk

キノコ

gljiva

ナッツ

orašasti plodovi

ヌードル

pasta

スパゲッティ

špagete

米

riža

サラダ

salata

フライドポテト

pomfrit

フライドポテト

pečeni krompir

ピザ

pica

ハンバーガー

hamburger

サンドウィッチ

sendvič

カツレツ

šnicla

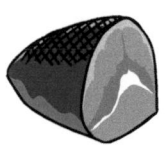

ハム

šunka

サラミ

kobasica

ソーセージ

kobasica

鶏肉

kokoš

焼き

pečenje

魚

riba

麦のお粥

zobene pahuljice

ムーズリ

muzli

コーンフレーク

kornfleks

小麦粉

brašno

クロワッサン

kroason

ロールパン

zemičke

パン

kruh

トースト

tost

ビスケット

keksi

バター

maslac

カッテージチーズ

svježi sir

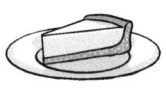

ケーキ

kolač

卵

jaje

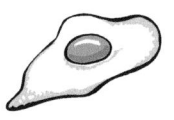

目玉焼き

jaje na oko

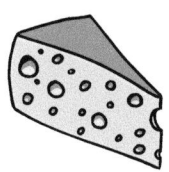

チーズ

sir

アイスクリーム

sladoled

砂糖

šećer

はちみつ

med

ジャム

marmelada

ヌガークリーム

nugat krema

カレー

kuri

農場

seosko imanje

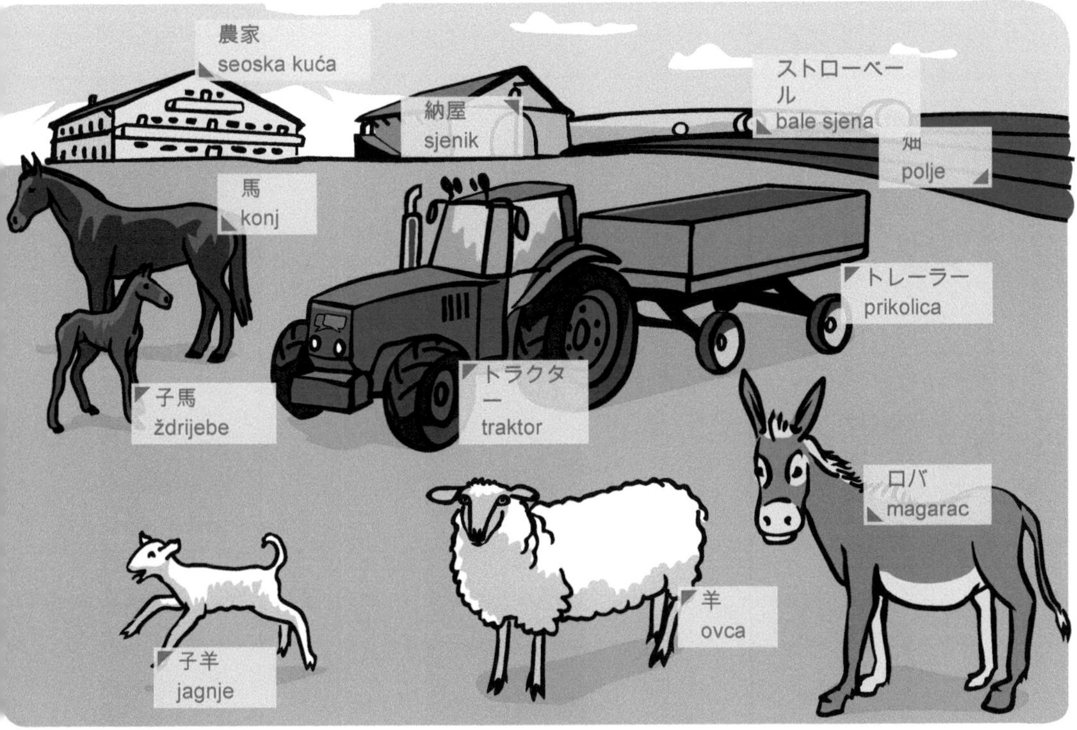

農家
seoska kuća
納屋
sjenik
ストローベール
bale sjena
polje
馬
konj
トレーラー
prikolica
子馬
ždrijebe
トラクター
traktor
ロバ
magarac
羊
ovca
子羊
jagnje

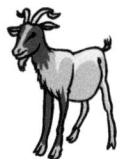

ヤギ

koza

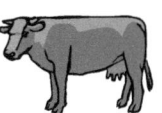

雌牛

krava

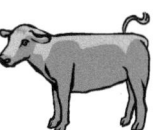

子牛

tele

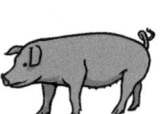

豚

svinja

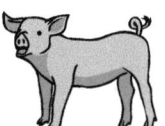

子豚

prase

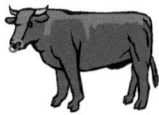

雄牛

bik

ガチョウ

guska

アヒル

patka

ひよこ

pile

にわとり

kokoška

おんどり

pjetao

ネズミ

pacov

猫

mačka

ねずみ

miš

雄牛

vol

犬

pas

犬小屋

pseća kućica

散水ホース

crijevo za baštu

じょうろ

kanta za zalijevanje

大鎌

kosa

すき

plug

草刈り鎌

srp

くわ

motika

堆肥用フォーク

vile

斧

sjekira

手押し車

tačke

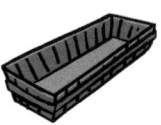

かいばおけ

korito

牛乳缶

bokal za mlijeko

袋

vreća

フェンス

ograda

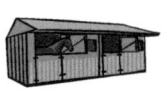

畜舎

štala

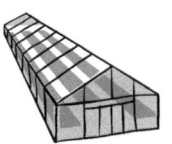

温室

staklenik

土壌

tlo

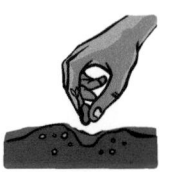

種

sjeme

肥料

đubrivo

コンバイン

kombajn

収穫する

kositi

収穫

žetva

ヤマイモ

jam korijen

小麦

pšenica

大豆

soja

じゃがいも

krompir

トウモロコシ

kukuruz

菜種

uljana repica

果樹

drvo voća

キャッサバ

manioka

穀物

žito

kuća

煙突
dimnjak

屋根
krov

排水管
oluk

窓
prozor

車庫
garaža

呼び鈴
zvono

ドア
vrata

ゴミ箱
kanta za smeće

郵便受け
poštanski sandučić

庭
bašta

リビングルーム
dnevni boravak

浴室
kupatilo

台所
kuhinja

寝室
spavaća soba

子供部屋
dječija soba

ダイニング・ルーム
trpezarija

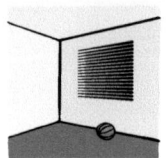

床
....
pod, tlo

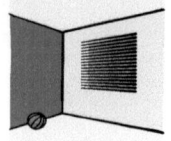

壁
....
zid

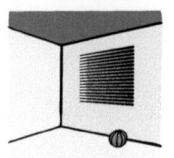

天井
....
plafon

地下貯蔵庫
....
podrum

サウナ
....
sauna

バルコニー
....
balkon

テラス
....
terasa

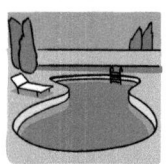

プール
....
bazen

芝刈り機
....
kosilica

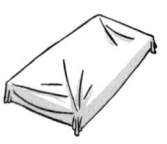

シーツ
....
posteljina

ベッドカバー
....
pokrivač

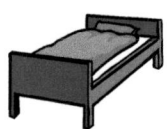

ベッド
....
krevet

ほうき
....
metla

バケツ
....
kanta

スイッチ
....
prekidač

リビングルーム
dnevni boravak

壁紙
tapeta
絵
fotografija
ランプ
lampa
棚
polica
食器棚
ormar
テレビ
televizija
暖炉
dimnjak
花
cvijet
クッション
jastuk
ソファ
kauč
花瓶
vaza
リモコン
daljinski upravljač

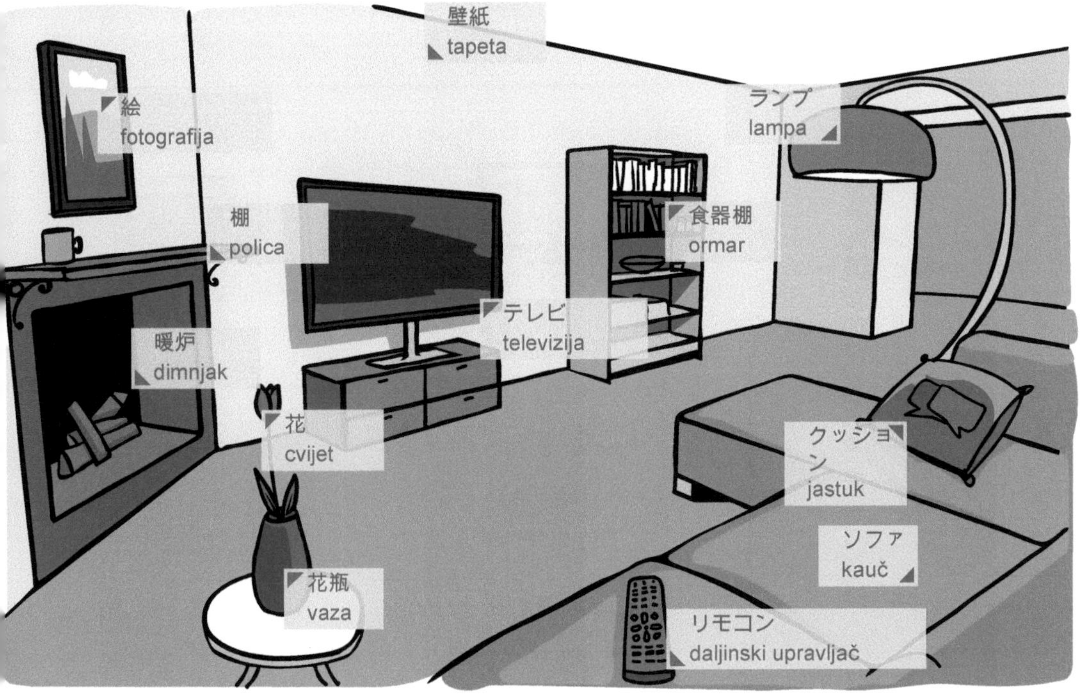

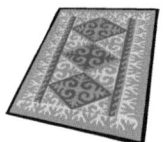

カーペット

tepih

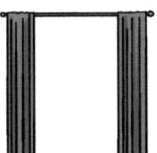

カーテン

zavjesa

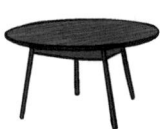

テーブル

stol

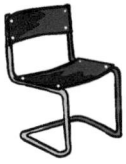

椅子

stolica

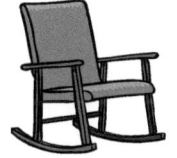

ロッキングチェア

stolica za ljuljanje

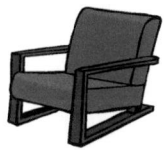

ひじ掛け椅子

fotelja

本
knjiga

毛布
deka

飾り
dekoracija

たきぎ
ložno drvo

映画
film

ステレオ
stereo uređaj

鍵
ključ

新聞
novine

絵画
umjetnička slika

ポスター
poster

ラジオ
radio

メモ帳
blok za bilješke

掃除機
usisavač

サボテン
kaktus

ろうそく
svijeća

台所

kuhinja

冷蔵庫
hladnjak
電子レンジ
mikrovalna pećnica
調理用はかり
kuhinjska vaga
トースタ
ー
toster
洗剤
sredstvo za čišćenje
オーブン
rerna
冷凍室
zamrzivač
ゴミ箱
kanta za smeće
食器洗い機
mašina za suđe, perilica

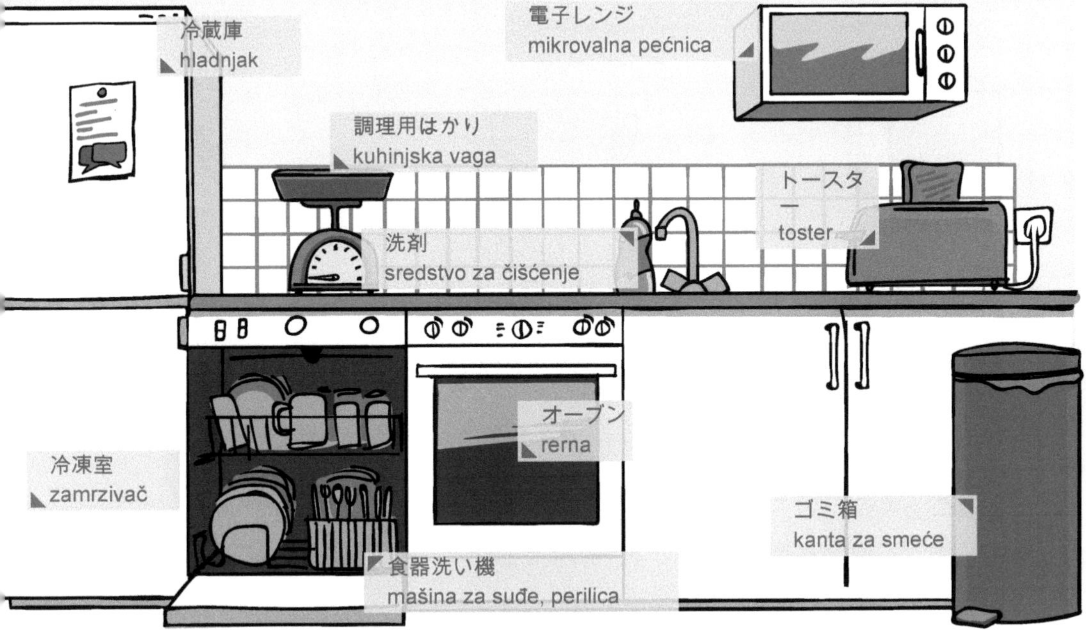

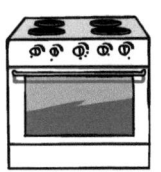

こんろ

peć

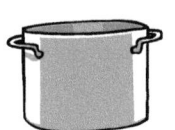

鍋

lonac

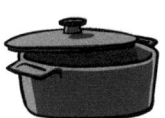

鉄鍋

metalni lonac

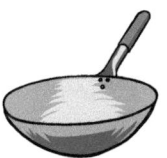

中華鍋/ カダイ鍋

vok / kadai

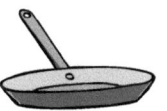

フライパン

tava, tiganj

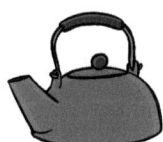

やかん

kuhalo

蒸し器

aparat za kuhanje na pari

天板

lim za pečenje

食器

posuđe

マグカップ

šalica

ボウル

činija

箸

kineski štapići

おたま

kutlača

へら

lopatica

泡立て器

metlica za snijeg bjelanjca

こし器

sito za kuhanje

ふるい

sito

すりおろし器

ribež

すり鉢

avan s tučkom

バーベキュー

roštilj

かまど

ložište

まな板

daska

麺棒

oklagija

栓抜き

vadičep

缶

konzerva

缶切り

otvarač za konzerve

鍋つかみ

krpe za lonac

流し

sudoper

ブラシ

četka

スポンジ

spužva

ミキサー

mikser

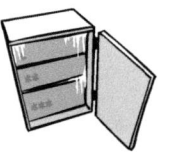

冷凍庫

zamrzivač

哺乳瓶

flašica za bebu

蛇口

slavina

浴室
kupatilo

ヒーター
grijanje
タオル
peškir
シャワー
tuš
シャワーカーテン
zavjesa za tuš
泡風呂
pjenušava kupka
浴槽
kada
グラス
čaša
洗濯機
mašina za veš
蛇口
slavina
タイル
pločice
おまる
dječja kahlica
流し
sudoper

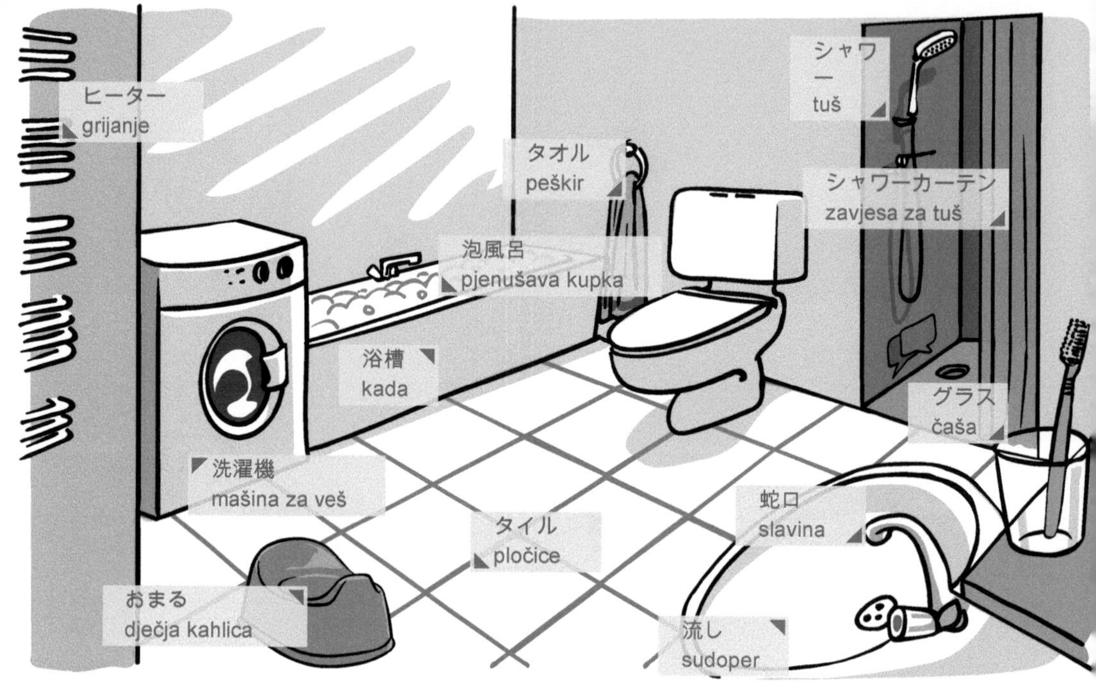

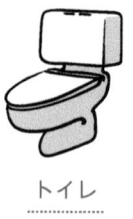

トイレ

toalet

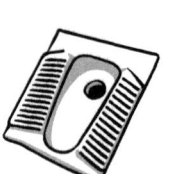

和式トイレ

čučavac

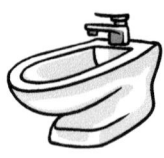

ビデ

bide

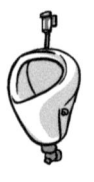

小便器

pisoar

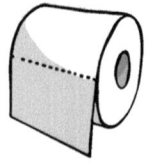

トイレットペーパー

toalet papir

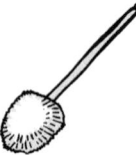

トイレブラシ

četka za wc

歯ブラシ

četkica za zube

歯みがき

pasta za zube

デンタルフロス

zubni konac

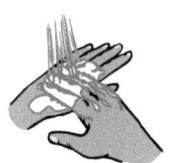

洗う

prati

シャワーヘッド

tuš

ハンドビデ

intimni tuš

洗面台

lavor

ボディブラシ

četka za leđa

石鹸

sapun

シャワー用ジェル

gel za tuširanje

シャンプー

šampon

浴用タオル

krpe za pranje

排水口

odvod

クリーム

krema

消臭

dezodorans

浴室 - kupatilo

鏡

ogledalo

手鏡

ogledalo za šminkanje

かみそり

brijač

シェービング・フォーム

pjena za brijanje

アフターシェーブローショ

vodica poslije brijanja

櫛

češalj

ブラシ

četka

ドライヤー

fen

ヘアスプレー

sprej za kosu

化粧

puder

口紅

karmin

マニキュア

lak za nokte

脱脂綿

vata

爪切り

makazice za nokte

香水

parfem

洗面用具入れ

kozmetička torbica

スツール

hoklica

体重計

vaga

バスローブ

kupaći ogrtač

ゴム手袋

rukavice za čišćenje

タンポン

tampon

生理用ナプキン

uložak za dame

ケミカルトイレ

hemijski toalet

子供部屋

dječija soba

目覚まし時計
budilnik
ぬいぐるみ
plišana igračka
おもちゃの自動車
auto za igru
がらがら
zvečka
ドール・ハウス
kućica za lutke
プレゼント
poklon

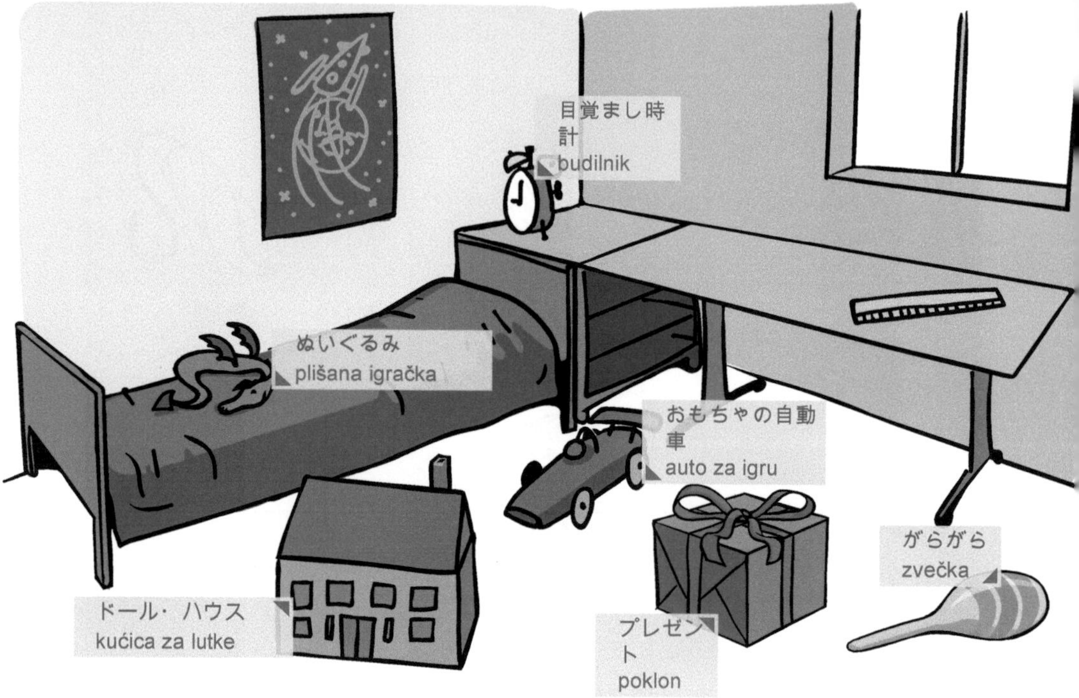

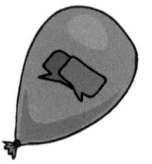

風船

balon

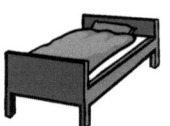

ベッド

krevet

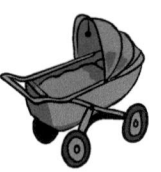

ベビーカー

kolica za djecu

カードゲーム

karte za igranje

ジグソーパズル

puzle

SUPER MEGA

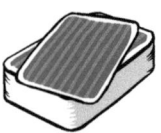

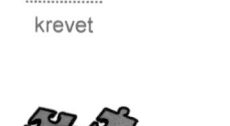

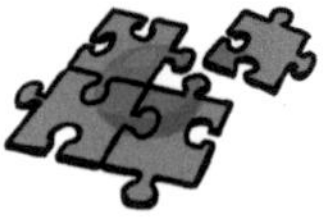

漫画

strip

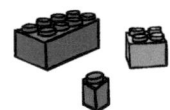

レゴ

lego kockice

玩具ブロック

kockice za gradnju

アクションフィギュア

akcione figure

ロンパース

benkica

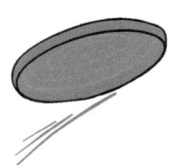

フリスビー

frizbi

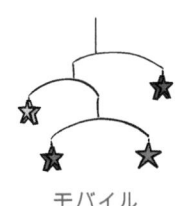

モバイル

mobile

ボードゲーム

igra na ploči

さいころ

kocka

鉄道模型

miniatura željeznice

おしゃぶり

cucla

パーティー

zabava

絵本

slikovnica

ボール

lopta

人形

lutka

遊ぶ

igrati

子供部屋 - dječija soba

砂場

pješćanik

ブランコ

ljuljačka

おもちゃ

igračke

ゲーム機

konzola za igru

三輪車

triciklo

テディベア

medvjedić

衣装ダンス

ormar

衣服

odjeća

靴下

kratke čarape

ストッキング

čarape

タイツ

hulahopke

スカーフ
šal

ベルト
kaiš

雨傘
kišobran

Tシャツ
majica kratkih rukava

ブーツ
čizme

スリッパ
papuče

スニーカー
patike

サンダル
....
sandale

靴
....
cipele

ゴム長靴
....
gumene čizme

パンツ
....
gaće

ブラ
....
grudnjak

ベスト
....
potkošulja

衣服 - odjeća

45

ボディースーツ

bodi

ズボン

hlače

ジーンズ

farmerke

スカート

suknja

ブラウス

bluza

シャツ

košulja

セーター

džemper

パーカー

majica

ブレザー

sako

ジャケット

jakna

コート

mantil

レインコート

kišni mantil

服装

kostim

ドレス

haljina

ウェディングドレス

vjenčanica

スーツ

odijelo

ナイトガウン

spavaćica

パジャマ

pidžama

サリー

sari

ヘッドスカーフ

marama

ターバン

turban

ブルカ

burka

カフタン

kaftan

アバヤ

abaja

水着

kupaći kostim

トランクス

kupaće gaće

半ズボン

kratke hlače

スウェットスーツ

trenerka

エプロン

pregača

手袋

rukavice

ボタン

dugme

メガネ

naočare

ブレスレット

narukvica

ネックレス

ogrlica

指輪

prsten

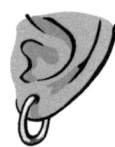

イヤリング

naušnica

帽子

kapa

ハンガー

vješalica

帽子

šešir

ネクタイ

kravata

ファスナー

patentni zatvarač

ヘルメット

kaciga

サスペンダー

tregeri za hlače

制服

školska uniforma

ユニフォーム

uniforma

衣服 - odjeća

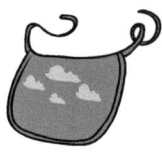

よだれかけ

podbradak

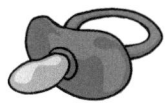

おしゃぶり

cucla

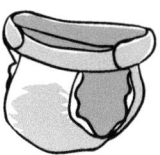

おむつ

pelene

オフィス

ured

サーバ
server
書類キャビネット
ormar za kartoteku
紙
papir
プリンター
štampač
モニター
monitor
マウス
miš
事務机
pisaći sto
フォルダー
registrator
キーボード
tastatura
椅子
stolica
ごみ箱
korpa za papir
コンピューター
kompjuter

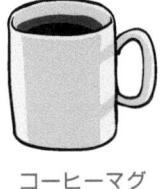

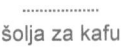

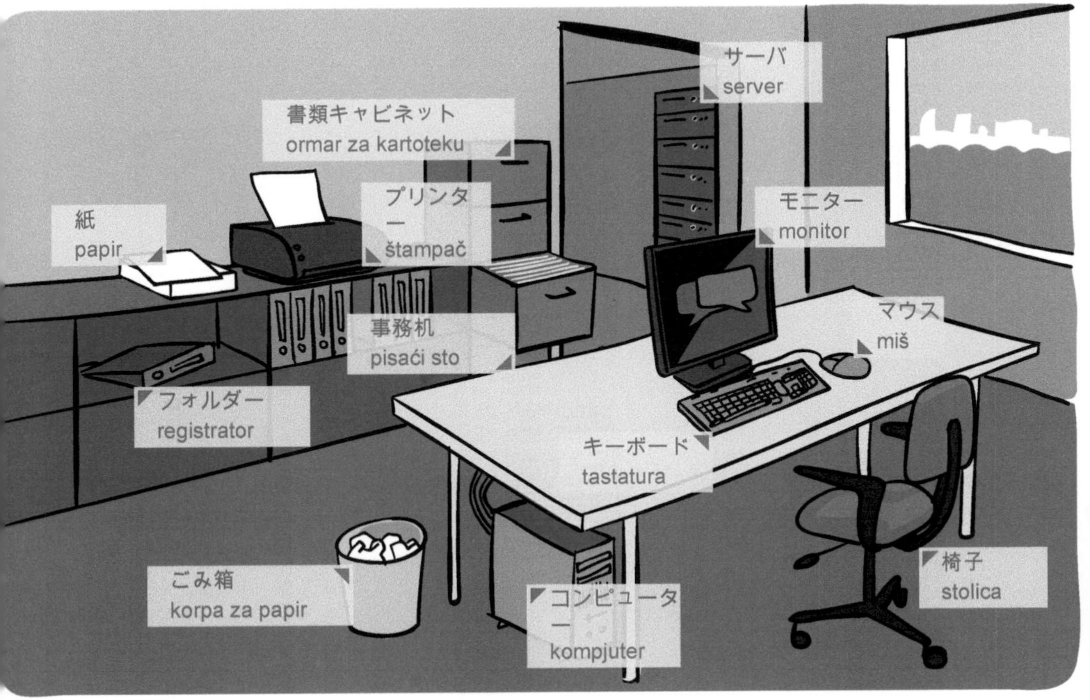

コーヒーマグ

šolja za kafu

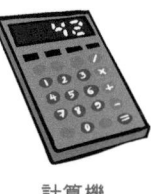

計算機

kalkulator

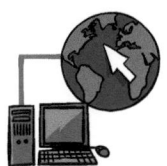

インターネット

internet

ラップトップ

laptop

手紙

pismo

メッセージ

poruka

携帯電話

mobilni telefon

ネットワーク

mreža

コピー機

aparat za kopiranje

ソフトウェア

softver

電話

telefon

コンセント

utičnica

ファックス

faks

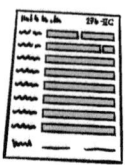

フォーム

formular

書類

dokument

買う
kupovati

支払う
platiti

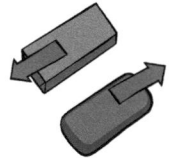

取引する
trgovati

お金
novac

ドル
dolar

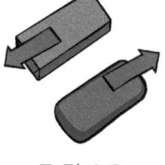

ユーロ
euro

円
jen

ルーブル
rublja

スイスフラン
franak

人民元
renminbi jen

ルピー
rupi

キャッシュポイント
bankomat

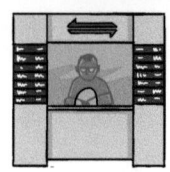

両替所

mjenjačnica

金

zlato

銀

srebro

油

nafta

エネルギー

energija

価格

cijena

契約

ugovor

税金

porez

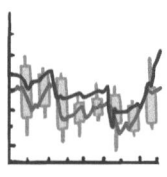

株

akcija

働く

raditi

従業員

službenik

雇用主

poslodavac

工場

fabrika

ショップ

radnja

警察官
policajac

消防士
vatrogasac

コック
kuhar

医師
ljekar

パイロット
pilot

庭師

baštovan

大工

stolar

お針子

krojačica

裁判官

sudija

化学者

hemičar

俳優

glumac

バスの運転手

vozač autobusa

タクシー運転手

vozač taksija

漁師

ribar

掃除婦

čistačica

屋根ふき職人

krovopokrivač

ウェイター

konobar

ハンター

lovac

塗装工

moler

パン屋

pekar

電気工

električar

建設作業員

građevinski radnik

エンジニア

inženjer

肉屋

koljač

配管工

limar, vodoinstalater

郵便配達人

poštar

軍人

vojnik

建築家

arhitekta

レジ係

blagajnik

花屋

cvjećar

美容師

frizer

車掌

kontrolor

機械工

mehaničar

キャプテン

kapiten

歯科医

zubar

科学者

naučnik

ラビ

rabin

イスラム導師

imam

修道士

monah

牧師

sveštenik

道具
alat

ハンマー
čekić
くぎ抜き
kliješta
ドライバー
izvijač
スパナ
vijčani ključ
懐中電灯
džepna lampa

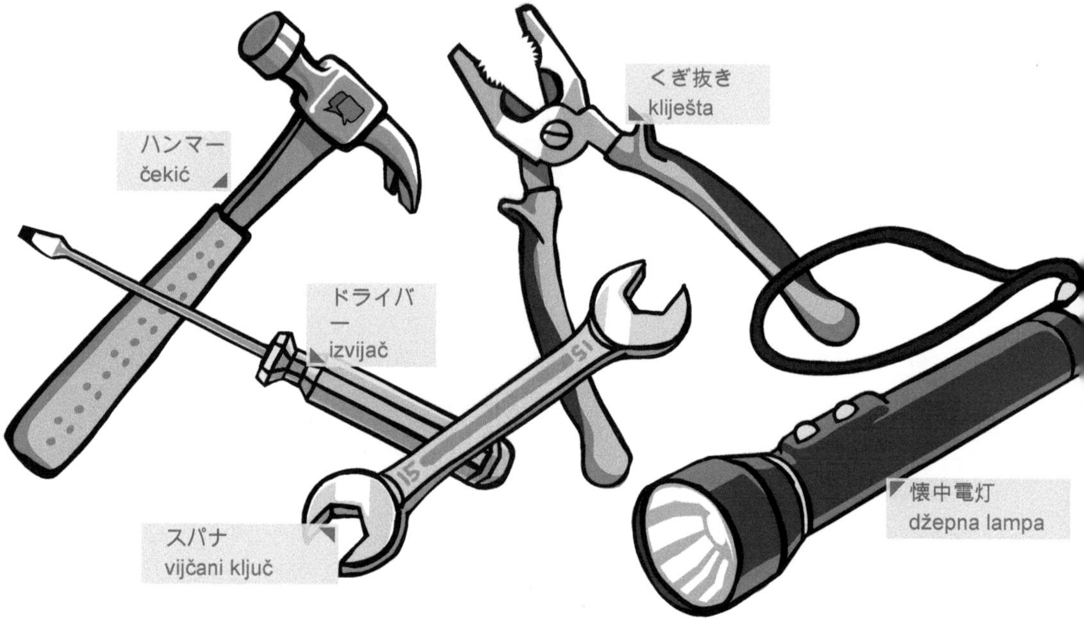

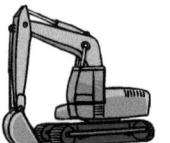

掘削機

bager

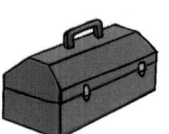

道具箱

kutija sa alatom

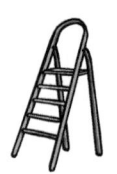

はしご

ljestve

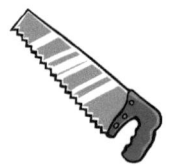

のこぎり

testera, pila

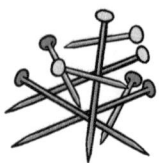

釘

ekser

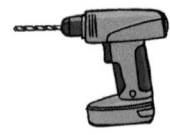

ドリル

bušilica

修理する
popraviti

シャベル
lopata

クソ！
sranje!

ちりとり
lopatica

ペンキ缶
kanta boje

ネジ
vijak

楽器

muzički instrumenti

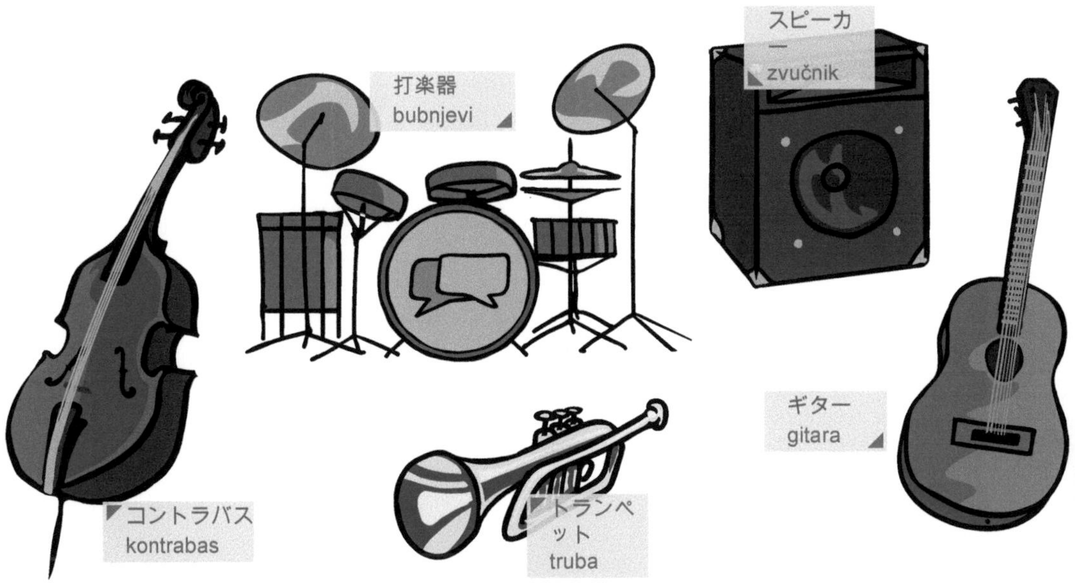

スピーカー
zvučnik

打楽器
bubnjevi

コントラバス
kontrabas

トランペット
truba

ギター
gitara

ピアノ

klavir

バイオリン

violina

バス

bas

ティンパニ

bubanj timpani

ドラム

bubanj

キーボード

sintisajzer

サックス

saksofon

フルート

flauta

マイクロフォン

mikrofon

動物園

zološki vrt

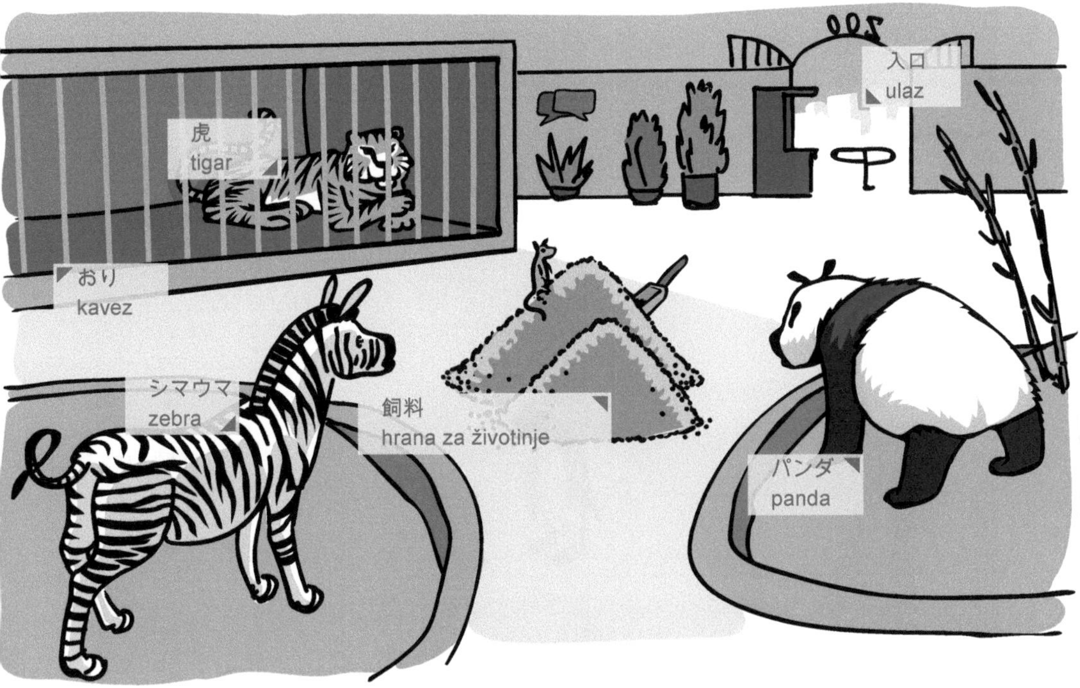
zoo
入口
ulaz
虎
tigar
おり
kavez
シマウマ
zebra
飼料
hrana za životinje
パンダ
panda

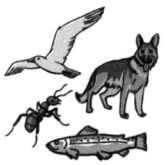

動物

životinje

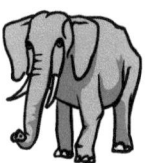

象

slon

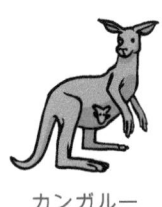

カンガルー

kengur

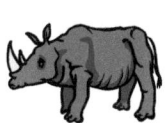

サイ

nosorog

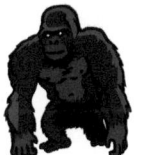

ゴリラ

gorila

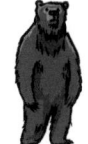

熊

medvjed

ラクダ

kamila

ダチョウ

noj

ライオン

lav

猿

majmun

フラミンゴ

flamingo

オウム

papagaj

白クマ

polarni medvjed

ペンギン

pingvin

サメ

morski pas

クジャク

paun

蛇

zmija

ワニ

krokodil

飼育係

čuvar u zološkom vrtu

アザラシ

tuljan

ジャガー

jaguar

ポニー

poni

ヒョウ

leopard

カバ

nilski konj

キリン

žirafa

鷲

orao

雄豚

divlja svinja

魚

riba

亀

kornjača

セイウチ

morž

狐

lisica

ガゼル

gazela

スポーツ
sport

アメフト
američki fudbal

サイクリング
vožnja bicikla

テニス
tenis

バスケット
ボール
košarka

水泳
plivanje

ボクシング
boks

アイスホッケー
hokej na ledu

サッカー
fudbal

バドミントン
bedminton

陸上競技
laka atletika

ハンドボール
rukomet

スキー
skijanje

ポロ
polo

跳ぶ
skakati

抱きしめる
zagrliti

笑う
smijati se

歌う
pjevati

歩く
ići

祈る
moliti

キス
ljubiti

夢見る
sanjati

書く
pisati

描く
crtati

示す
pokazati

押す
gurati

与える
dati

取る
uzeti

持っている
imati

する
raditi

ある
biti

立つ
stajati

走る
trčati

引く
vući

投げる
baciti

落ちる
pasti

横たわっている
ležati

待つ
čekati

運ぶ
nositi

座る
sjediti

着る
obući

眠る
spavati

目が覚める
probuditi

見る

pogledati

泣く

plakati

なでる

milovati

櫛ですく

češljati

話す

govoriti

理解する

razumjeti

質問する

pitati

聞く

slušati

飲む

piti

食べる

jesti

片づける

pospremiti

愛する

voljeti

料理する

kuhati

運転する

voziti

飛ぶ

letjeti

ヨットに乗る

jedriti

計算する

računati

読む

čitati

学ぶ

učiti

働く

raditi

結婚する

vjenčavti

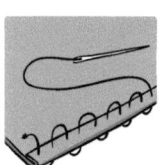

縫う

šiti

歯を磨く

prati zube

殺す

ubiti

喫煙する

pušiti

送る

slati

祖母
baka

祖父
djed

父
otac

母
majka

赤ん坊
beba

娘
kćerka

息子
sin

お客様
gost

おば
ujna, tetka, strina

おじ
ujak, tetak, stric

兄弟
brat

姉妹
sestra

体

tijelo

ひたい
čelo
目
oko
顔
lice
あご
brada
胸
grudi
指
prst
手
ruka, šaka
腕
ruka
肩
leđa
脚
noga

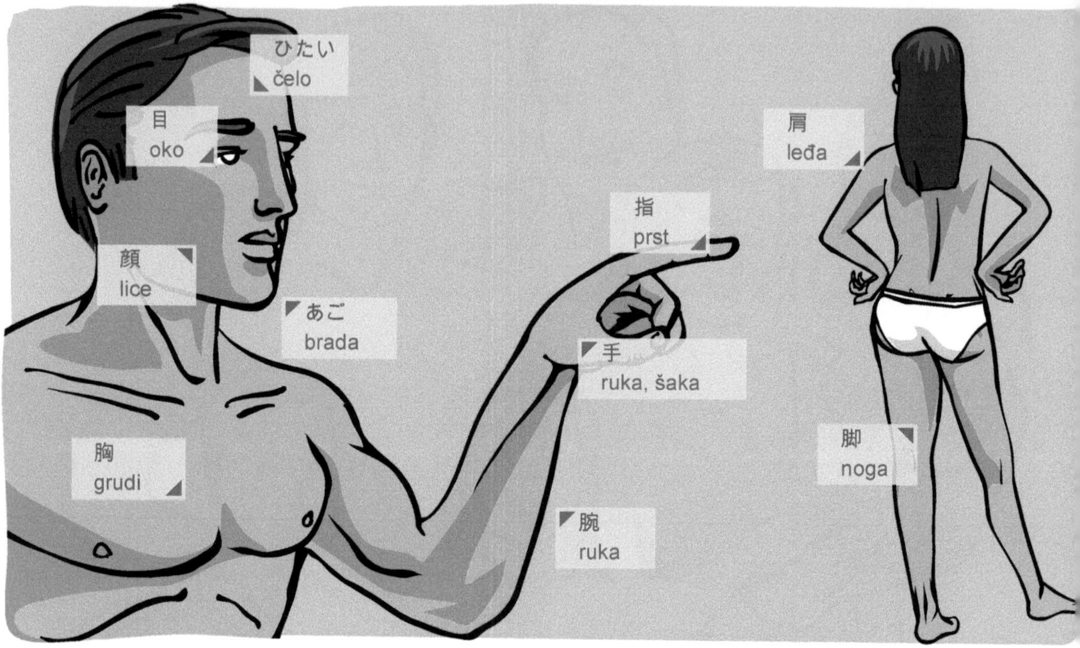

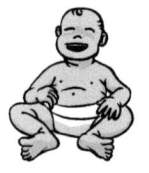

赤ん坊

beba

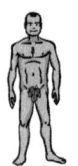

男性

muškarac

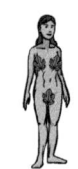

女性

žena

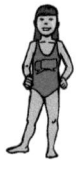

少女

djevojčica

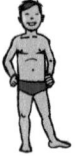

少年

dječak

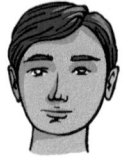

頭

glava

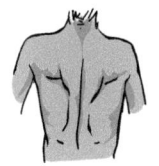

背中

leđa

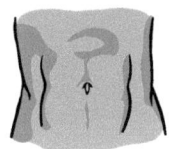

腹

stomak

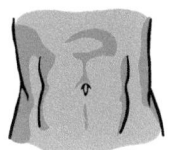

へそ

pupak

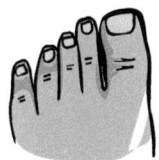

足指

nožni prst

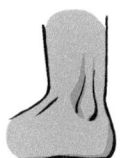

かかと

peta

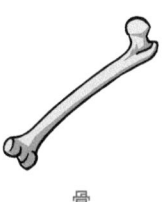

骨

kosti

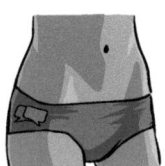

腰

kuk

ひざ

koljeno

ひじ

lakat

鼻

nos

尻

stražnjica

皮膚

koža

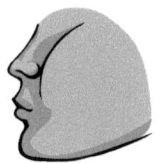

頬

obraz

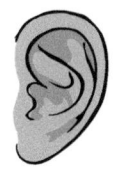

耳

uho

唇

usna

体 - tijelo

口
....
usta

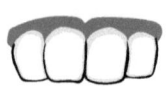

歯
....
zub

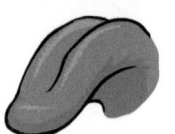

舌
....
jezik

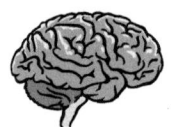

脳
....
mozak

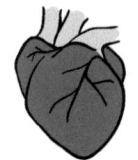

心臓
....
srce

筋肉
....
mišić

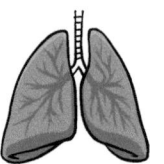

肺
....
pluća

肝臓
....
jetra

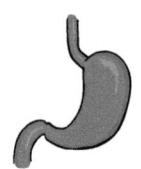

胃
....
želudac

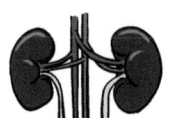

腎臓
....
bubreg

セックス
....
spolni odnos

コンドーム
....
kondom

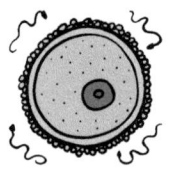

卵細胞
....
jajna ćelija

精液
....
sperma

妊娠
....
trudnoća

体 - tijelo

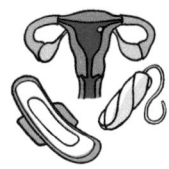

月経

menstruacija

膣

vagina

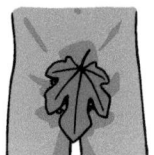

ペニス

penis

眉

obrva

髪

kosa

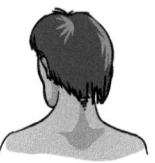

首

vrat

病院

bolnica

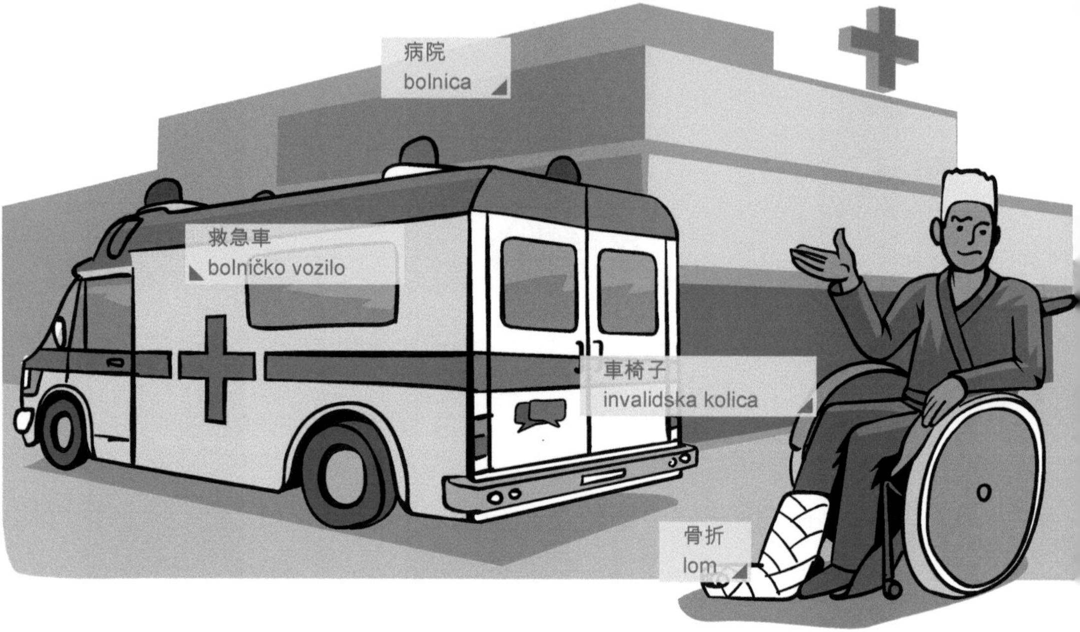

病院
bolnica
救急車
bolničko vozilo
車椅子
invalidska kolica
骨折
lom

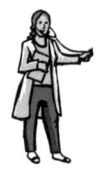

医師

ljekar

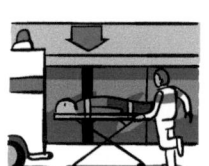

救急治療室

hitna služba

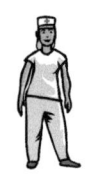

看護師

medicinska sestra

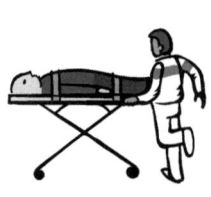

救急

hitna pomoć

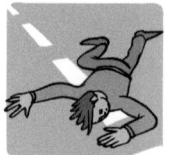

失神

nesvjest

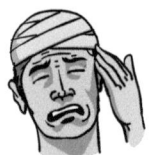

痛み

bol

けが

povreda

出血

krvarenje

心臓発作

srčani udar, infarkt

脳卒中

moždani udar

アレルギー

alergija

咳

kašalj

熱

groznica

インフルエンザ

gripa

下痢

proljev

頭痛

glavobolja

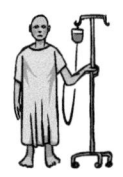

癌

rak

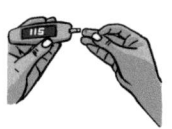

糖尿病

dijabetes

外科医

hirurg

外科用メス

skalpel

手術

operacija

病院 - bolnica

CT
CT

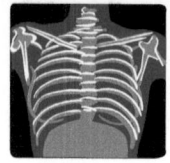

レントゲン
rendgen

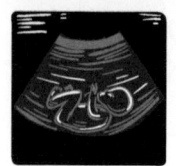

超音波
ultrazvuk

マスク
maska

病気
bolest

待合室
čekaonica

松葉づえ
štake

ばんそうこう
flaster

包帯
zavoj

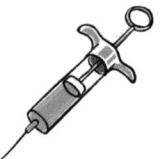

注射
injekcija

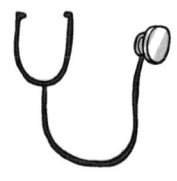

聴診器
stetoskop

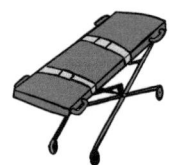

担架
nosilo

体温計
termometar

出産
porod

肥満
prekomjerna težina, debljina

補聴器
slušni aparat

消毒剤
sredstvo za dezinfekciju

感染
infekcija

ウイルス
virus

HIV / エイズ
HIV/ AIDS

内服薬
medicina

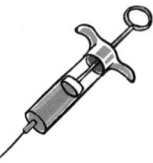

予防接種
vakcinacija

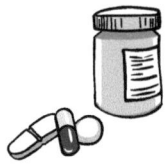

錠剤
tablete

ピル
pilula

緊急電話
hitni poziv

血圧計
aparat za mjerenje pritiska

病気の / 健康な
bolestan / zdrav

病院 - bolnica

助けて！
Upomoć!

アラーム
alarm

暴行
napad, prepad

攻撃
napad

危険
opasnost

非常口
izlaz u slučaju opasnosti

火事だ！
Požar!

消火器
vatrogasni aparat

事故
nezgoda

救急箱
torba prve pomoći

SOS
SOS

警察
policija

ヨーロッパ

Europa

北米

Sjeverna Amerika

南米

Južna Amerika

アフリカ

Afrika

アジア

Azija

オーストラリア

Australija

大西洋

Atlantik

太平洋

Pacifik

インド洋

Indijski okean

南極海

Antarktički okean

北極海

Arktički okean

北極

Sjeverni pol

南極
Južni pol

南極大陸
Antarktik

地球
Zemlja

陸
zemlja

海
more

島
ostrvo

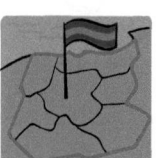

国家
nacija

国家
država

文字盤

brojčanik sata

短針

kazaljka sata

長針

kazaljka minute

秒針

kazaljka sekunde

何時ですか？

Koliko je sati?

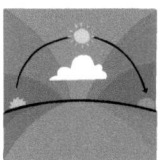

日

dan

時間

vrijeme

現在

sada

デジタル時計

digitalni sat

分

minuta

時間

sat

週

sedmica, nedjelja

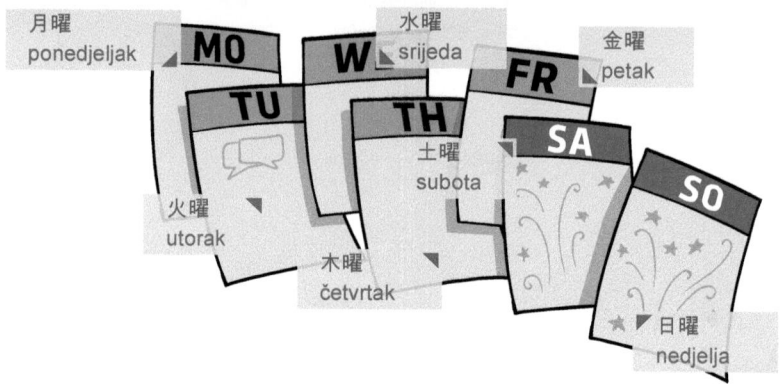

月曜
ponedjeljak

水曜
srijeda

金曜
petak

火曜
utorak

木曜
četvrtak

土曜
subota

日曜
nedjelja

昨日
juče

今日
danas

明日
sutra

朝
jutro

昼
podne

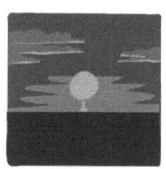

夜
veče

営業日
radni dani

週末
vikend

年
godina

雨
kiša
虹
duga
風
vjetar
雪
snijeg
春
proljeće
夏
ljeto
秋
jesen
冬
zima

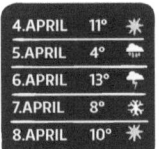

4.APRIL 11°
5.APRIL 4°
6.APRIL 13°
7.APRIL 8°
8.APRIL 10°

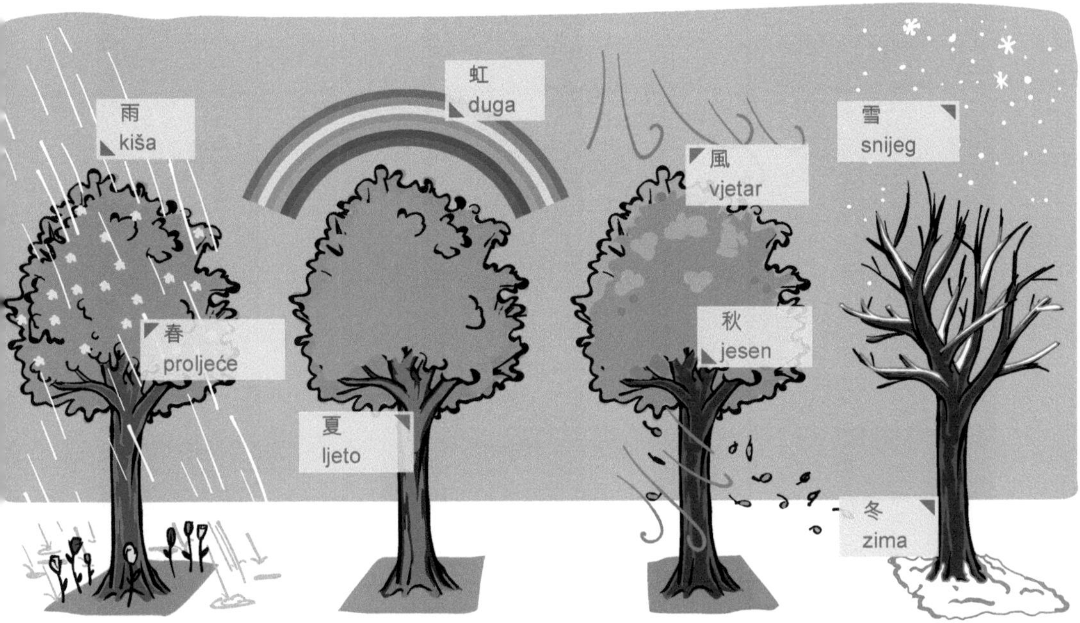

天気予報

prognoza vremena

F C
120 90 60 30 0 -30
40 30 20 10 0 -10 -20

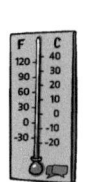

温度計

termometar

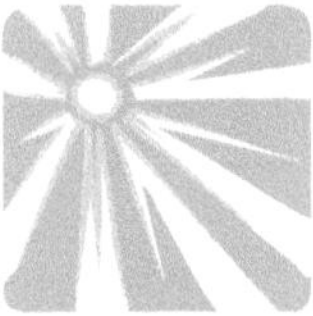

日差し

sunčev sjaj

雲

oblak

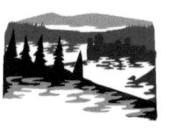

霧

magla

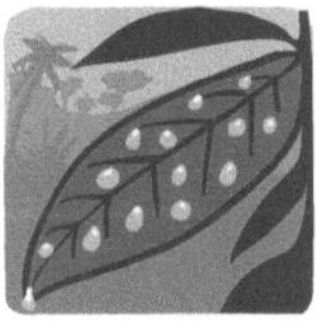

湿度

vlažnost vazduha

雷
....
munja

雷
....
grom

嵐
....
oluja

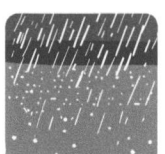

ひょう
....
tuča, led

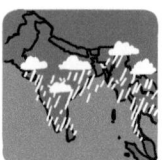

季節風
....
monsun

洪水
....
poplava

氷
....
led

1月
....
januar

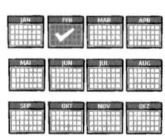

2月
....
februar

3月
....
mart

4月
....
april

5月
....
maj

6月
....
juni

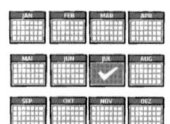

7月
....
juli

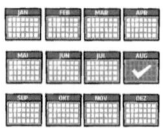

8月
....
avgust

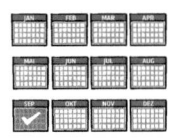

9月
....
septembar

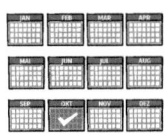

10月
....
oktobar

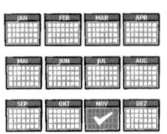

11月
....
novembar

12月
....
decembar

形

oblici

円
....
krug

正方形
....
kvadrat

長方形
....
pravougao

三角
....
trougao

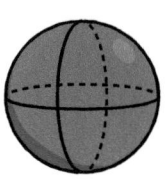

球
....
kugla

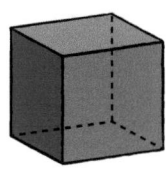

立方体
....
kocka

白
....
bjel

黄
....
žut

オレンジ
....
narandžast

ピンク
....
pink

赤
....
crven

紫
....
ljubičast

青
....
plav

緑
....
zelen

茶
....
smeđ

灰色
....
siv

黒
....
crn

多い / 少ない

malo / mnogo

怒っている /
落ち着いている
ljutit / miran

美しい / 醜い

lijep / ružan

初め / 終わり

početak / kraj

大きい / 小さい

veliki / mali

明るい / 暗い

svijetlo / tamno

兄弟 / 姉妹

brat / sestra

清潔な / 汚い

čist / prljav

完全な / 不完全な

potpun / nepotpun

日中 / 夜

dan / noć

死んだ / 生きている

mrtav / živ

幅広い / 狭い

široko / usko

食べられる　/
食べられない
ukusno / neukusno

悪意のある　/　親切な
zao / prijatan

興奮している　/
退屈じている
uzbuđen / dosadan

太った　/　痩せた
debeo / mršav

最初に　/　最後に
najprije / najkasnije

友人　/　敵
prijatelj / neprijatelj

いっぱいの　/　空の
pun / prazan

硬い　/　柔らかい
trvd / mekan

重い　/　軽い
težak / lagan

空腹　/　喉の渇き
glad / žeđ

病気の　/　健康な
bolestan / zdrav

違法な　/　合法な
ilegalan / legalan

賢い　/　愚かな
inteligentan / glup

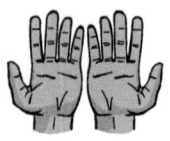

左に　/　右に
lijevo / desno

近い　/　遠い
blizu / daleko

新しい ／ 中古の
nov / polovan

何もない ／ 何かある
ništa / nešto

老いた ／ 若い
star / mlad

オン ／ オフ
uključeno / isključeno

開いている ／
閉まっている
otvoreno / zatvoreno

静かな ／ うるさい
tiho / glasno

裕福な ／ 貧乏な
bogat / siromašan

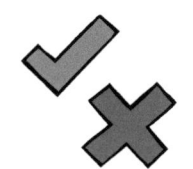

正しい ／間違っている
tačno / pogrešno

粗い ／ なめらか
hrapav / glatak

悲しい ／ 幸せな
tužan / srećan

短い ／ 長い
kratak / dug

ゆっくり ／ 速い
spor / brz

濡れた ／ 乾いた
mokro / suho

温かい ／ 冷たい
toplo / hladno

戦争 ／ 平和
rat / mir

反対 - suprotnosti

0

ゼロ

nula

1

1

jedan

2

2

dva

3

3

tri

4

4

četiri

5

5

pet

6

6

šest

7

7

sedam

8

8

osam

9

9

devet

10

10

deset

11

11

jedanaest

12

12
dvanaest

13

13
trinaest

14

14
četrnaest

15

15
petnaest

16

16
šesnaest

17

17
sedamnaest

18

18
osamnaest

19

19
devetnaest

20

20
dvadeset

100

100
sto

1.000

1000
hiljada

1.000.000

100万
milion

英語

engleski

アメリカ英語

američki engleski

中国標準語

kinesko mandarinski

ヒンディー語

hindi

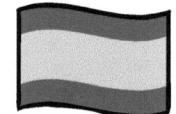

スペイン語

španski

フランス語

francuski

アラビア語

arapski

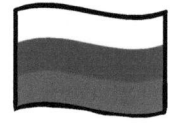

ロシア語

ruski

ポルトガル語

portugalski

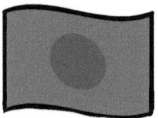

ベンガル語

bengalski

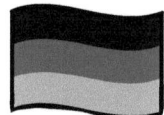

ドイツ語

njemački

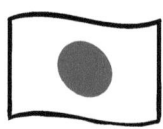

日本語

japanski

私

ja

あなた

ti

彼 / 彼女 / それ

on / ona / ono

私たち

mi

あなたたち

vi

彼ら

oni

誰？

ko?

何？

šta?

どうやって？

kako?

どこ？

gdje?

いつ？

kada?

名前

ime

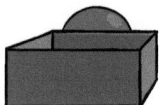

後ろ

iza

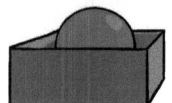

中

u

前

pred

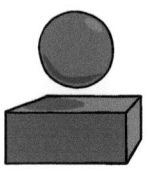

上

iznad

上

na

下

ispod

横

pored

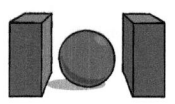

間

između

場所

mjesto